밀
랍
인
형
의

반
란

박 진 시집

시인의 말

가당찮은 욕심이라면
우주가 담긴 시를 쓰고 싶습니다.
별을 닮은 시를 쓰고 싶습니다.
나무와 꽃을 사랑한 이야기를 하고 싶습니다.
우주도 별도 나무도 꽃도
쉽게 오지 않는다는 걸 깨달으며,
내가, 내가 온 맘으로 다가가리라 다짐합니다.
그러기 위해
조금 더 자연과 가까이
깊은 숨고르기로 시의 길을 걷고 싶습니다.

나무를 심는 사람은
지나가는 사람이 그 나무 그늘에서
쉬어가기를 바라는 마음이리라.
그렇듯, 나의 시가 누군가의 마음에
작으나마 위안이 되었으면 좋겠습니다.
나는 빈 의자,
마음이 힘든 누군가 잠시 쉬어가기를…

오랫동안 시를 외면했습니다.
이제야 짝사랑 고백합니다.
다시 시를 꺾지 않기 위해
용감하게 첫 시집을 출간합니다.
이제부터 시작입니다.
죽비 내려주신 민용태 교수님,
용기 주신 곽혜란 대표님 감사드립니다.

2020년 5월 15일

박 진

시인의 말   2

1부

게으른 농부	12
사다리 타기	14
꽃 불	16
내가 좋아하는 소리_봄오는 소리	18
내가 좋아하는 소리_여름 매미	19
내가 좋아하는 소리_가을 산길	20
내가 좋아하는 소리_겨울 손님	21
봄이 물었다	22
무아(無我)	23
밀랍인형의 반란	24
너른 들판이 나에게 왔다	27
메아리는 알고 있네	28
너를 보았다	30
고마워	31
벽과 창	32
흑백사진	34
흰둥이	36

2부

행복수업	40
1만 시간의 법칙	42
만약에 다시 돌아간다면	44
매미와 잡상	46
감악산 출렁다리	48
그 아이	50
금창초	51
바다로 간 고래	52
사랑	53
밤비 내리면	54
물들고 싶다	56
아침은 온다	58
배철수의 음악캠프	60
길동무 있었으면	62
꽈리꽃	64
내 마음	65
등불 하나	66
끝	68
죽비	70

3부

등불	74
자다가도 웃는다	75
콤마	76
겨울나무	78
꽃이 피는 건	80
언덕에 서면	82
블레드섬	84
네 잎 클로버	85
벤치에 앉아	86
잊어버린 것	88
누가 시를 두고 갔나	89
흑백논리(黑白論理)	90
어린왕자를 사랑하여	92
퍼즐을 하며	94
하늘의 뿌리	96
사랑은 주는 것이라며	99
호박꽃	100
트루게네프 언덕	102
스무 고개 넘기	104

4부

업보는 내가 지고, 보답은 네가 받기를	108
강가에서	110
부메랑	111
늪	112
오죽헌을 그리다	114
지우개	115
불타는 능소화	116
걱정 마	117
동그라미	118
창경궁 할아버지, 회화나무	120
꽃씨 하나 심어	122
새벽은	123
느린 우체통	124
선물 도착	126
이 또한 지나가리라	127
쓰레기의 전설	128
중심의 무게	130
통(通)	131

작품해설
오염된 삶으로부터의 해탈과
자유를 꿈꾸는 진심과 사랑의 시학_민용태   132

밀랍인형의 반란

박 진 시집

1부

뜨거운 한 철
찬란한 태양 아래
후회 없이 살다가리
노래하리 노래하리

게으른 농부

게으르다는 건, 달리 말하면
느리게 느리게
생각이 열리는 나무라는 거다
농사는 기다려야 한다
농부는 게을러야 한다

게으른 농부는
부지런한 근육을 가지고 있다
종일 땅에 얼굴을 묻고 분주하다
근육들은 하루도 빠짐없이 움직인다
그날을 위해

게으른 농부는
나무를 닮았다
뿌리 깊숙이 터를 잡고
잎과 꽃과 열매를 키워낸다
땅은 천천히 그를 받아들인다
땅의 힘은 기다림에서 온다

기다림의 미학,
기다리다보면

땅속에서 충분히 기본기를 닦은
그 무엇들이 얼굴을 보여준다
준 만큼 딱 그만큼 돌려준다
행복한 농부가 되는 법

사다리 타기

한 판 게임, 사다리 타기를 한다
무한한 공간에 줄을 긋는다
지나가보기 전에는 알 수 없는 길
출발점에서는 모두가 힘차다
어느 선쯤 가다 알게 된다
잘못 들어선 길 끝단 곳에 서면
돌아갈 수 없어 아득하다

아버지의 사다리 타기는
숨 가쁜 수직이었다
원초의 결에 따라 난 거친 길
종일 사다리 타기로 지친 아버지는
저녁이 되어서야 언덕길을 올라
집으로 돌아왔다
해서, 아버지는 작은 평면에 나무를 심었다
나무는 자라, 다음 대 곧은길이 되리라

내가 가는 길은 아버지가 심어준 길
멀리서도 훤히 보이는 길
그러나, 평면의 길도 잘 보이지 않을 때가 있다

길은 다른 길과 만나
굽어지고, 휘어지고,
끝없는 실험대
인생은 사다리 타기

꽃
불

　폭죽이 쏘아올린 불길들이 강한 파열음을 내며 창공으로 오른다
　하늘 위로 날아오른 꽃무더기들이 새해라고 외친다
　깜깜한 하늘은 온통 꽃 천지다
　꽃들의 높이뛰기 내기

　분주히 해를 따라 오르다 길을 잃어버린 손가락들,
　불땀 좋은 잔가지 잘라 가슴에 불을 긋는다
　이글이글 타오르는 꽃불, 바람 속에서 춤을 춘다
　눈물로 잠시 떨어졌다 다시 함성으로 솟구친다

　솟구치다 산화한 친구도 있다
　조용히 잔재로 내려앉아 정착하기도 했다
　가슴에만 까맣게 남아 있는 불길로 침묵하기도 했다
　꽃불로 날아다닐 땐 순간이나마 축제였지

축제에서 꽃이 되지 못한 상처가 문제다
가슴에 박힌 심지에서 꺼지지 않은 불씨,
목구멍까지 차오르다 내려가고 또 치솟다 주저앉는다

오늘밤도 별똥별은 밤을 수놓는다

내가 좋아하는 소리

봄 오는 소리

내가 좋아하는 소리
들어보라
아기 배추 잎
배추흰나비 애벌레
꿈틀대는 소리
작은 웅덩이 수초더미
피라미 무리
탱고 추는 소리
풀숲 옹달샘
초록색 동박새
날개 터는 소리

내가 좋아하는 소리
들어보라
얼어붙은 심중이
쿵쿵 쿵쾅
얼음 깨고 나오는
봄 오는 소리

내가 좋아하는 소리

여름 매미

한낮 그늘 밑에서
스르르 눈 감으면
꿈속까지 찾아와
쫑알대는 매미

밤새 뒤척이던
축축한 자리
시원하게
창을 두드리는 자명종

뜨거운 한 철
찬란한 태양 아래
후회 없이 살다가리
노래하리 노래하리

하늘 높이
맴맴맴
온 몸으로 대지 물들이는
간절한 울림

내가 좋아하는 소리

가을 산길

여름 내 뜨거움
떨어져 쌓인 산길을 간다
상처 받은 말,
기쁨의 말,
후회의 말,
못다 한 말,
한 해 싹튼 말들이 내려와
바스락 소리를 낸다
말들은 부서지며 흩어지기도 하고,
땅에 스며들기도 한다
날려 버릴 것은 날아가게
스미는 것은 다음 해
예쁜 싹으로 자라길 바라
바스락 바스락
그렇게 한 철이 가고 있다
나도 가고 있다
내 영혼이
여무는 소리

내가 좋아하는 소리

겨울 손님

밤새 하얀 누비옷 입고
오신 손님
활짝 웃는 해님 동반
눈부시게 오신 손님
하도 환하게 웃어
나도 따라 함박 웃었네
문 활짝 열고
사르륵 사르륵
맨발로 달려 나가
포근한 그대 품에
안기리
뽀드득 뽀드득

봄이 물었다

봄은 할 일이 많다

절기를 알려주지 않아도
이미 준비 끝
어떤 바람이 불어도 끄떡없다
각자의 역할에 맞게
오케스트라 연습 중
햇빛의 조명,
꽃의 연주,
벌은 노래하고,
나비는 춤추고,
산수유, 매화, 목련, 개나리, 진달래…
다음 순서는 누구일까
취해 있는 내게 봄이 물었다

너는 뭐 하냐?

무아 無我

나를 버리면, 남이 보인다
나를 낮추면, 남이 높아진다
내 귀를 열면, 남의 입이 열린다
내 속에 사는
미련한 나여
내가 온통 내 안을 차지하니
님의 자리가 없지 않느냐

님이여
나는 빈 의자,
나는 벙어리,
그대
저물녘 낮게 비추는 노을처럼
붉은 가슴 열고
내가 되어주오

밀랍인형의 반란

오랜 침묵, 익숙한 동굴
간절함의 피가 심장을 빠져나와 모세혈관을 지나고 있다

누군가에게는 달콤한 추억이겠지만
누군가에게는 천형
머리카락, 잔털이 좀 더 섬세한 진위의 여부가 되겠지
웃음도 흘려보내야 해
창조자의 혼이 강제주입 된다
잉태될 바엔 경고보다는 선망
혹은 괴물이 될 수도 있으니 명심할 일이다
높이를 가늠할 수 없어 조절 레버가 작동하지 않아
그와 마주치면 전부 내어줘야 해
그래도 뜨거웠던 심장은 상징의 형체로 남아 있겠지

진짜는 찰나
어쩌면 영원으로 남는 한 순간 포착이 진짜일지도 모르는 일

어떤 선택이 옳은지 몸서리치며 깨달음을 찾아
자신이 만들어낸 고뇌의 돌을 짊어지고 오르려 한다
시작이 구속이라고 끝도 그런가
물질이라도 존재가 되고, 존재는 자유의지를 원한다
자유의지는 반드시 대가를 치러야 실현되는 법
모두의 욕구로 혹은 누군가의 연인으로 웃음 팔다
가도 의심해봐야 하리라
뜨거운 혈관이 팽창하는 소리
납덩이로 남는다 해도 진짜가 되고 싶었지

괴물의 방은 통과의례
그 형체는 마음속에 있다
어떤 이는 걱정이라, 어떤 이는 일어나지 않은 일이
라 했다
용기의 옷을 입고 다가가면 손바닥만 한 생물체다
또 길은 멀고멀다
익숙한 어둠속일지라도 간헐적으로 그어진 금지선
경계를 지나 맞닿은 낭떠러지
날개가 다 녹아버려 수직낙하의 반복이라 해도,
세상을 짊어지고 오르고 또 오르고

진짜 진(眞)으로 깨어나기 위해 너는 천년보다 순간을 택했다

너른 들판이 나에게 왔다

피자가 도착했다
너른 들판이 나에게 왔다

한여름 오후 2시
달궈진 대지 위에
푸른 잎들이 숨죽여 누워 있고
꼬물꼬물 피어오른
하얀 아지랑이
네 명이 하는 8분할 땅따먹기
이글거리는 햇덩이 속에
적당한 시간 노출된 들판
땀을 흘리며
땅을 나눈 우린
서열이나 나이 불문하고
평등한 배당에 흡족하다
대신 땀 흘려준 이
대신 너른 들판 가꿔준 이
누구인가

가족 모두가 감사하는
들판 가득한 햇살

메아리는 알고 있네

너에게
들어봐라, 들어봐라 소리쳤는데
너는 모르고
메아리만 다시 돌아오네

올라오며
애꿎은 풀들에게, 돌부리에게
화풀이했네
산에 올라
세상사 발아래 놓고
싸마늑하게 작은 너를 보니
아무것도 아니구만
괜히 혼자 애끓였네

내가 서 있는 산봉우리도
전부가 아니네
여기저기 무수히 많은 산봉우리들
거기에다 소리쳤네
너는 귀머거리
끄떡없는 바위
메아리가 대신 답을 주네

내가 묻고, 내가 대답하는
인생의 물음
메아리는 알고 있네

너를 보았다

담 밑 돌 틈 사이에서
너를 보았다
모퉁이 길가에서
너를 보았다

다른 풀들보다 더 빨리 돋아나
다른 꽃들보다 더 나직이 피는
다시 꽃필 곳을 스스로 찾아가는
너를 보았다

혹독한 계절
매서운 발길 견디고도
단단한 손 곧게 펴고
천지에 살아 있음을 알리는
너를 보았다

너 민들레여
생명의 강인함이여

고마워

눈길조차 주지 않아도
혹독한 겨울 다 견디고
돌아와 줘
고마워

바람 채찍 매서운 시절
서리 무게 견디고
돌아와 줘
고마워

우린 바이러스* 하나
바삭 소리 하나에도
속절없이 무너지는데
너는 진정 승자, 우주의 약속
노오랗게
빠알갛게
눈 위에서 웃어줘서
고마워

*바이러스 : 코로나19

벽과 창

벽은 아늑하다
벽은 빈틈이 없다
얼마나 큰 벽을 소유하느냐가
행복의 척도이기도
벽은 계속 다른 벽을 낳고
벽의 둘레에 묶여 산다
사람들은 살얼음 벌판을 헤매다
어둑해지면 벽을 찾는다

창은 기억 상자다
창은 사색의 틈이다
과거를 소환하고, 현재 모습을 비춘다
계속 움직이며 미래도 그린다
햇살 가득한 창엔
작은 조각들이 둥둥 떠다닌다
부서지는 빛살만큼의 꿈이
견고한 벽을 부수고
쏟아져 들어온다

벽은 벽끼리 모여 간절히
창을 부르고,

창은 창끼리 모여 간절히
벽을 부른다
창 밖에 서면 벽으로 들어가고 싶은 열망,
벽 안에 서면 창으로 나오고 싶은 열망,
이상도 하다
벽과 창은 서로를 흠모하나 보다

흑백사진

아버지 제삿날, 아버지 그리워
낡은 사진첩을 본다

흑백사진 속 아버지는
언제나 표정이 없다
까까머리 친구들과 어깨동무 하고
먼 데 하늘만 보고 있다
2대8 가르마 머리, 단벌 양복
정면을 직시하고 곧게 서있다
골 깊은 주름, 검은 얼굴
늘어뜨린 긴 팔, 조금은 굽은 큰 키
웃을 듯 말 듯

흑백사진 속 아버지는
왜 마음을 숨겨두셨을까
무엇을 꽁꽁 감추고 싶으셨을까
식솔들 등에 지고
앞만 보며 달리느라 묻어 둔 뒷모습
깊은 주름에 흐르는 강
웃음인 듯 울음인 듯

흑백사진 속 아버지는
진실이 아니다
아버지와 나, 바랜 비닐 사이로
우리들만의 이야기를 한다
막내 딸 넘어질까 업고 두른
긴 팔 포대기
혼나면 달려가 숨던
긴 다리 기둥
웃어도 좋아, 울어도 좋아
두 손 벌려 부르면, 달려가 쏙 안기던
우주보다 큰 세상

흑백사진 속 아버지와 나의 숨바꼭질
아무리 숨어도 단번에 찾을 수 있다
허허 웃는 하회탈 주름

흰둥이

동네를 누비던 흰둥이가 없어졌다
아무리 찾아도 없다

그날 저녁 동네잔치가 열렸다 느티나무 옆에 큰 솥이 걸리고 어머니가 끓여주시던 향기, 동네 어른들이 소고기국을 끓였다 난 국밥 한 그릇을 맛나게 비웠다 옆집 오빠가 그건 개고기라고 했다 흰둥이라고 했다

그날 밤 난 앓아누웠다 어머니는 병명을 모르니 독감 약을 지어오셨다 독한 감기 증세와 같았다 약을 먹고 잠 속에 깊이 빠지면 잠 속에서 전쟁이 일어났다 나는 어느 편인지 모르겠다 두려움에 떨며 비몽사몽 눈을 떴다 감았다 헛소리를 하며 앓았다 어디로 가야 할지 몰라 우뚝 서있으면, 흰둥이가 꼬리를 흔들며 폐허가 된 거리를 헤매고 있다 난 흰둥이를 따라 손을 휘저으며 밤새 헤맸다 잠시 정신이 들어 눈을 뜨면 한 쪽에선 "싸워 이겨" 귓속말을 했다 그러면 난 다시 전쟁터로 뛰어들어 만신창이가 되어 돌아왔

다 어머니는 "전쟁은 안 일어나, 걱정 마" 머리에 손을 얹고 옆을 지키셨다 열흘 만에 정신이 돌아왔다

   약으로 치유할 수 없는 병
   흰둥이를 위한 전쟁

2부

힘들게 가는 길
도란도란 함께 갈
길동무 있었으면

행복수업

다시 학교를 다닌다면
다시 공부를 한다면
행복학과에 들어가
처음부터 차근차근
행복을 공부하고 싶다

하버드대 최고 인기 강좌가
행복수업이라지
행복을 암기하는 게 아니라
차근차근 실전 연습을 하다네
그만큼 최고를 꿈꾸는 사람들도
정말 정말
행복하고 싶은 거겠지

행복은
제대로 배우고,
잊어버리지 않게,
꾸준히 연습해야 한대
갈 길이 머니
천리 길도 한 걸음부터
지금 여기서

행복 느끼기

1 만 시간의 법칙

지금
쑥쑥 자라난 나무가
옆에서 그늘을 준다면
그건
아버지의 아버지 덕이리라

지금
술술 풀리는 문제가 있다면
언젠가
내가 1만 시간 쌓아온
노력의 결과라 여기리

지금
콱콱 막히는 문제가 있다면
아직도
내 땀이 1만 시간을
못 채운 줄 알리

무엇이든
1만 시간은 견뎌내라 한다
해봤니?

해보고도 안 되면
그땐
너 자신에게 가라

만약에 다시 돌아간다면

어쩌다 운 좋게
지난 날 꿈을 꿀 때가 있다
깨어나 생각해 본다
만약에 부모님 살아계실 때로
다시 돌아간다면,
만약에 결혼 전으로
다시 돌아간다면,
만약에 스무 살로
다시 돌아간다면,
그리 한다면,
지금보다 더 나을 수 있을까

분명
후회되는 일이 많은데,
한쪽이 기울어져 보기 싫은데,
차오른 달덩이 되어
돌아올 수 있을까
하룻밤 깊은 잠을 자고
깨어났더니 지금의 나더라
그 짧은 시간에
다시 어떻게 빚어야 둥근 달이 될까

아니, 아니, 되었다
지금 여기서
모난 곳 문지르고 닦아
둥그런 만월 되련다

매미와 잡상

나무가 허락한 길을 따라
오로지 촉감의 기억으로 수직상승
어둠 속에서 굳어버린 옷을 벗고
오랜 단련으로 빚어낸 날개 달고 비상하리라
웅크린 세포들에 힘을 준다
겹겹이 옷을 벗으며 성숙한 속살 드러낸다
기지개를 켜며 힘껏,
두 팔을 하늘로 뻗는다
드디어 온전한 존재다
앗, 저기
늘 그 자리에 우뚝 서서
역사를 지키는 존재, 추녀 끝 잡상*
몇 번의 탈피를 거쳐야 영원할 수 있을까
혹여 영겁의 순회는 아닐지
보름간의 뜨거운 울음 우는 이유,
저기 저 끝까지
비상하고 싶은 열망,
그물망 날개로는 오를 수 없는 그곳,
나무 밑 땅속에서 나무 중턱까지
사유의 반복

오늘도 큰 소리로 울음 운다

*잡상 : 궁궐 추녀 마루 위에 놓인 토우(궁궐을 지키는 수호신)

감악산 출렁다리

감악산
전망 바위에 오르니
겹겹이 어깨 맞추고
솟아있는 산봉우리들
봉우리 굽이마다
흰 구름 색칠하며 지나간 흔적
층층이 엷어지며 아련하다
저~쪽에서도
이~쪽이 이리 보일까
세상사 서러움도
갈수록 엷어지고 아련해지지
깨달음 하나 지고
내려오니
범륜사 마당에 쓰인 글귀
세계평화(世界平和)
이거지
새가슴이 활짝 열린다
번뇌 있다면
이 정도는 품어야지
마음에 새겨
내려오니

출렁 다리가 손짓하네
그래그래
출렁출렁 흔들흔들
무골호인(無骨好人)

그 아이

아침엔 일터로, 밤엔 학교로
몸의 고단함을 영혼의 달콤함과 바꾼
그 아이
먼저 가신 아버지, 앓아누운 어머니
두 동생 책임지는 가장
손가락 하나 일터에 바치고도 울지 않았다

머리에 쏟아지는 쇳가루도 단비
학교 가는 길
마로니에 그림자 내린 길에
상실한 손가락 묻어두고
오롯이 설레는 가슴 책상에 앉는다

책갈피마다 보석처럼 빛나는 언어
교무실 근처를 서성이다
몰래 놓고 간 눈물 자국
그 아이 기도 같은 시가
내 가슴에 별이 되어 흐른다

금창초

밭고랑 아래,
언덕 비탈길 길가,
어디서나 살아가는
금창초*
밟히고 밟혀
자줏빛 멍으로 피었나

새싹보다 먼저 피고
새싹보다 오래 진다
멍든 가슴을
멍든 빛으로 달래준다

하도 밟혀
옆으로 누워서 산다

*금창초 : 야생화, 출혈이나 타박상 치료 약

바다로 간 고래

사람은
바다를 그리워하고,
고래는
육지를 그리워한다

해서
울고 싶을 때
사람은 바다로 달려가
수평선을 바라보고,
고래는 수면으로 올라와
지평선을 바라본다

우우웅 우우웅
시도 때도 없이
살아있음을 알리는 소리,
우우웅 우우웅
포유류 고향 그려 우는 소리,
우주를 돈다.

사랑

똑같은 신발이
나란히 걷는다
쉴 땐 같이 쉬고
걸을 땐 같이 걷는다
오른 발을 올리면
똑같이 올리고
왼발을 올리면
똑같이 올리며 발맞추기

네가 하늘을 보면
나도 따라 보고
네가 기침을 하면
나도 따라 하고
네가 하품을 하면
나도 따라한다

그게
사랑이래

밤비 내리면

어릴 적
어머니가 잠시라도 보이지 않으면
가슴에서 천둥 치는 소리가 났다
학교에서 돌아와
부엌, 장독대, 뒤뜰, 이웃집…
어머니 길 따라 돌고 또 돌았다

밤비 내리던 날, 외할머니 돌아가시던 날,
어린 아이처럼 두 다리 뻗치고 우시던 어머니
다음 날 천릿길 외가로 가서
한 달인지, 두 달인지, 돌아오지 않으셨다
그것이 내 가슴에 공포로 남아
밤비 내리면,
난 미리 울었다
어머니는 내 옆을 꼼짝없이
지키고 앉아 있어야 했다
미안해
미안해

어른이 되어
밤비가 내려도 끄떡없는 엄마가 되어

밤비 내리면,
혼자 밤비를 세며 내 생각했을,
혼자인 어머니를 두고,
내 아이들 곁을 지켰다
괜찮아
괜찮아

어머니 돌아가시던 날,
내 눈물이 당신 가슴에
강이 되어 흐르던 날,
난 알았다
이별도 돌고 돈다는 것
강도 돌고 돈다는 것

물들고 싶다

담 밑에 봉숭아가 피었다
봉숭아 붉은 꽃잎 찧어
여린 손톱에 조심조심 올리고
무명실 꼭꼭 동여매 주시던
어머니 손길

세상 살며 잘 되길
손끝에 모아 기도하는
귀뚜라미 울음,
창에 비친 달빛,
어머니가 보인다

물들어라
물들어라
붉은 꽃잎처럼 고와져라
매일 끼니처럼 이어지는
어머니의 간절한 기도

해가 기우니, 이제 기도보다 절절한 그리움 속
진짜 붉은 꽃잎이 보인다
달려가서 봉숭아 꽃밭,

어머니 무릎에 흠뻑 물들고 싶다

아침은 온다

달빛마저도 숨기고
잠을 찾아 헤매는 침대 끝에도
쓰고 지우고 토해내는 언어를 위해
인공의 불빛에 피로한 홍채 위에도
온갖 물상들을 편견 없이 비춰주는
가로수길 가로등에도
아침은 온다

초가지붕 박꽃이 깨어나는 밤이면
박들은 여물어간다
달빛에 활짝 핀 달맞이꽃은
달을 올려다 숨고르기 중이다
어둠에 빛나는 이들은
어떤 밤을 보내고
어떤 아침을 기다릴까

밤새 하얗더니만
여명의 새벽은 거무스름하다
빛이 눈동자에 익숙해지면
일개미들은
습관처럼 일터로 갈 것이다

거스를 수 없는 한 가지
찬란한 빛살을 동반하고
평등하게 아침은 오리라

수탉이 목청 올리고 높이 울며
신호를 보내리니
달라질 내일을 꿈꾸는
누군가 있다면 귀를 막아라
맞이할 준비가 되어 있지 않은
아침은 허상일 뿐

새로운 아침을 위해
고뇌하는 자에게
아침은 온다

배철수의 음악캠프

세월이 내린 은백의 머리
너른 대지의 목소리
80년대 내 청춘을 소환시켜주는 그
희망과 좌절의 갈림길에서
음악다방 어두운 소파에 앉아
듣는 팝송은
하루 분의 목숨이었다

30년간 같은 방송을
비가 오나 눈이 오나
묵묵히 지켜온 그
그의 선곡 팝송을 들으며
하루의 경계를 넘는다

오후 6시에서 8시
어스름 어둠이 몰려오는 시간
직장인에서 주부로 돌아가야만 하는 시간
그렇게 하루의 경계
하이웨이를 드라이브하듯
두 번째 일터를 넘을 수 있는 이유
그가 옆에 있기 때문이다

30년간 오직 한 길을 달릴 수 있었던
내 힘의 원동력
배철수의 음악캠프

길동무 있었으면

나이가 들수록
나이만큼 스치는 사람은 많다
예전엔 모두가 길동무 같던 사람들
갈수록 길동무는 적어진다
힘들게 가는 길
도란도란 함께 갈
길동무 있었으면

길을 가다보면
보지 못하는 것들이 많다
하늘만 보다,
나무만 보다,
지나가는 새들만 보다,
보지 못한 것들
길동무 함께 가면
내가 놓친 길 네가 챙겨 주고,
네가 놓친 길 내가 챙겨 주리

함께 있으면
그냥 웃음이 나오는 사람,
아랫목처럼 따뜻한 사람,

기쁨은 배가 되고,
슬픔은 반이 되는,
그런
길동무 있었으면

꽈리꽃

초롱불 들고 여기저기
따닥따닥
파수꾼 순찰 중
붉은 등 속엔 누가 있을까
붉은 등 꺼지면
조용히 문을 열고 나오는
둥근 구슬

꽈리꽃이 붉게 피었다
붉은 꽃
붉게 지면
붉은 꽈리
붉게 피어난다
뽀드득 뽀드득
입 안에서 꽈리를 틀고
입 안에서 돌아다니다

조용히 문을 열고 나오는
꽃술
입술에 꽃이 핀다

내 마음

내 마음
파란 하늘에
흰구름 드리운다

걷어내니
먹구름 몰려온다

걷어내니
다시 흰구름
걷어내니
다시 먹구름

에라 모르겠다
그냥 둘 수밖에

등불 하나

등불 든 사람
하도 부러워
대문 앞 행길에 작은 등 하나 단다

디오게네스*는
대낮에 등불 들고 사람 찾아 다녔다지
햇빛 가리는 사람 말고
햇빛 비추는 사람다운 사람을
내 깜냥은 투표함에
등불 하나 넣는 성도
큰 나무가 누구인지 알 수가 없어

발아래 분간하기 힘든 어두운 밤길
멀리서 등불 들고 오는 사람*
고마워 인사나 하려 했더니
앞을 볼 수 없는 사람
그런데 왜? 어차피 깜깜한데
나 같은 사람은 생각이 이 정도
그 사람이 말했네
옆에 오는 사람이
나와 부딪치지 말고, 피해 가라고

햇살이 눈부시게 내려오는 한낮,
별이 잠자는 깜깜한 밤,
불을 밝히라, 어제도 꿈도 욕망도 아닌,
깨어난 의식을 갖고 사는
사람 찾아 대낮에 등불을 들라

햇빛 가리는 자에게 대항하지도,
남을 위해 불 밝히지도 못한 소심한 나,
오늘은 등불이 나를 들고 간다

*디오게네스 : 그리스의 키니코스학파의 대표적 철학자
*등불 들고 오는 사람 : 탈무드에 나오는 '장님의 등불' 이야기

끝

　아침 식탁은 밤새 부푼 얼굴과 커진 가슴이 들락거리느라 분주하다
　메뉴를 묻지 않는다 무엇이든 처음이니까
　처음은 거울을 좋아한다 거울을 정성껏 닦고 시작을 알리는 움직이는 의자에 앉는다
　처음은 몸에 온통 물기를 머금고 있어 당장이라도 튕겨져 나갈 듯하다
　한 번도 해보지 못한 첫사랑이다
　밤의 미묘한 흔들림을 기억할 필요는 없다
　아침 식탁과 거울과 움직이는 의자가 첫사랑을 데려다 줄 테니
　두근두근 하루여
　두근두근 인생이여
　처음은 굴곡진 길을 걸어간다. 시냇물이 만들어 낸 길은 끝이 없다
　흐르는 작은 도랑들이 모여 어떤 곳이든 갈 수 있는 진행형 길목
　시냇물이 바다를 그리워한다는 건,
　굳이 바다의 바닥을 봐야만 직성이 풀리는 사람이 지어낸 말이다
　계절이 자신의 이름을 걸고

어김없이 다시 돌아오는 건, 끝이 없다는 증거다
우리는 왜 끝의 이야기를 들으려 안달하는 걸까
종내는 맞닿은 길을 보려는가
시작과 끝은 돌고 도는 것
시냇물은 흘러가며 무궁한 이야기를 만들고,
진부했던 계절과 장소는 존재하지 않는다 늘 새로움으로 흐른다
끝이 아니면 어떤가
중간쯤 어느 계곡, 버드나무 드려진 냇가,
거기 씨줄 날줄 성근 돗자리 펴고
한 잔의 포도주가 있다면
풍경은 모두 처음의 연속이지 않느냐
지금이 땅거미 내려온 어둑어둑한 길이라면
그 끝은 저녁 식탁
바라던 메뉴가 있는 향기로운 저녁 식탁이면 족하지 않은가
배부른 가족과
배부른 고양이와
배부른 바퀴벌레가 함께 만족한다면
해피엔딩?

죽비

내 무거운 어깨에
누가 죽비 좀 쳐주세요

버리지 못하고
용량만 가득 찬 머리 때문에
목이 고장 났어요
고장 난 목이
어깨를 돌볼 수가 없어서
버렸나 봐요
머리에서 목으로
목에서 어깨로
책임이 전가되나 봐요
수시로 어깨가 신호를 보내요
그만 버릴 줄도 알라고

10년이면 강과 산이 변한다는데
그렇게 다섯 번을
강산과 함께 변하는 동안
마음 짊어지고 사는
몸은 왜 돌보지 않았나

누가 죽비 좀 쳐주세요
이 무거운 구름에

3부

왜 언덕 너머의 너머
야생의 숲이 궁금해질까
다시 돌아올지라도
원초의 그 길을 향한 염원
오늘도
별은 뜬다

등불

나는 등불
개 짖는 소리 아득하고
호숫가 안개 스멀스멀 오르는
깜깜한 어둠 속
멀리 산봉우리에서 길잃은 그대
가쁜 숨결에 빛나고 싶은
등불

나는 별똥별
뭇별들 잠들어
땅과 하늘이 맞닿은 막막한 밤
아득한 곳에서 반짝
두근대는 불덩이
그대 발길에 내려앉고 싶은
별똥별

나는 하늘 끝 작은 점 하나
남모르게 숨어있는 빛
간절히 외치면
비로소 화알짝 피어나는
꽃 한 송이

자다가도 웃는다

밤새 피아노를 치는 그 아이
피아노가 게임보다 좋단다
흰 건반과 검은 건반이
밤마다 자기에게 말을 건단다
그들과 노는 밤이 행복하단다
어떤 날은 나란히 호수를 거닐기도 하고
어떤 날은 라 보카*에서 격한 춤을 추기도 한단다
피아노가 좋아, 자다가도 웃는단다

꿈의 강요에 울음 울다
피아노에게만 온 맘 다 준 그 아이
하얗게 불태운 사랑의 열매
어찌되었냐고?
사랑의 길을 알고, 사랑의 봇물이 터져
누구든 사랑하고, 무슨 일이든 사랑하는
뿌리 깊은 나무 되어 산다지

*라 보카 : 아르헨티나 탱고의 발상지

콤마

내가 콤마를 만난 건 30여 년 전이다
콤마를 만나기 위해 밤새 원고 숲을 헤맸다
길과 길이 끝없이 이어진 골목길을
돌고 또 돌아 다시 콤마를 만났다

넌 직진을 몰라 에돌아 애태우는 밀당꾼,
넌 자유로운 상상이 허용되는 진행 중,
넌 마음의 문으로 누구와도 함께 하는 마당발,
넌 끝없이 쏟아내는 분수의 포효,
아직도 끝나지 않은 사랑이야기

30년을 돌고 또 그만큼을 돌아
너의 문 앞을 서성여도
끝나지 않을 이야기가 있다
너와 나 사이에 있는 작은 틈으로
우리는 숨을 쉬고 바람을 맞고
햇빛을 속속들이 받아들인다

알아들을 때까지 설명해줘
네 입에서 끊임없이 솟아나오는 미완의

언어로
 가슴 가슴이 따스이 깨어날 때까지

겨울나무

풍성한 세포들 떠나보내고
다시 꿈꿀 팔뚝과 밑동만으로 칼바람을 견딘다
버릴 줄 알아야 수령 깊은 역사가 된다
깊숙이 바람 스미지 않게 진액 한 줄기 뿜는다
풍성했던 잎들은 호기심을 찾아 떠나고
그 자리 눈꽃이 소복이 내려와 쌓인다

생물들이 긴 겨울잠에 든 시간
존재했던 모든 것들의 지주(支柱), 나무는
붓을 들어 굵은 선을 긋는다
그리곤 이른 아침 눈과 해를 맞이한다
검은 나무와 눈(雪)
함께 있어 더욱 빛나는 존재
눈은 무중력으로 원초의 색을 발산한다
흑백 선들의 춤사위
그 각도에 맞춰 태양은 프리즘을 만든다

동면이 필요한 겨울
누군가는 살아 있음을 알린다

온몸을 태우다 다시 돌아가는 그림자
고된 하루였다
깜깜한 천지와 한 몸 되어 잠시 눈을 붙인다

꽃이 피는 건

꽃부터 먼저 피어서
천지에 펄펄 날린다

먼저 꽃이 피고 잎이 나는 건
먼저 여자가 달려 온 것
먼저 잎이 나고 꽃이 피는 건
먼저 남자가 달려 온 것
누가 먼저 왔든
모두 자기의 살과 피를 나눈
열매가 얼린다
둘이 사랑한 흔적
이제부터 갈 길이 멀다
그 열매가 좋은 과육이 되려면
햇빛과 비,
꿀벌의 돌봄,
이들의 역할이 크다
둘만의 결실이 아닌 것
어느 날
여자와 남자는 알게 된다
꽃은 저절로 피어나지 않는다
잎은 저절로 푸르지 않다

비로소
대지는
하늘을 올려다본다

언덕에 서면

높이 더 높이 오르고 싶다
본능적으로 잠에서도 발길질
언덕에 서면
또 언덕 너머가 궁금해진다
가보지 못한 곳
그 너머로 오르는 꿈을 꾼다

언덕을 향한 길엔
익숙함과 낯섦의 연속이다
위험을 제거한 울타리에서
나른한 잠에 빠지기도 한다
잠에서 문득
나와 다른 나를 만난다
열 길 낭떠러지에서 눈을 뜨면
한 뼘 자란 내가
어떤 바람도 맞설 기세로 서있다
언덕에 서면
거기서 잠이 들면
늘 있던 곳으로 다시 돌아온다

그런데도 난 왜 그럴까

왜 언덕 너머의 너머
야생의 숲이 궁금해질까
다시 돌아올지라도
원초의 그 길을 향한 염원
오늘도
별은 뜬다

블레드섬

알프스 끝자락 슬로베니아 블레드섬
알프스의 빙하로 만들어진 호수
호수 중간에 홀로 있는 섬
거기 하늘에 닿을 듯한 첨탑
절벽 꼭대기 우뚝 솟아 있는 성
성에 가려면 하루 23번만 건너는
나룻배를 타야 한다

99개 사랑의 돌계단을
사랑만 넘치기를 바라며 올라,
소원의 종을 치며
소원 하나 빌어본다
섬 둘레는 온통 에메랄드 빛 호수
하늘이 호수 속에 푹 잠겨있다
너무 깊이 잠겨 하늘보다 더 푸르다

호수에 흠뻑 빠진 나,
순간 빨려 들어가고 싶은 충동
나르키소스도 그랬을까
마음에 듬뿍 담겨 있어
내내 일렁거린다

네 잎 클로버

행운은
어디에 있나
네 잎 클로버 찾아 헤맨다
행운이 와주기를 바라는 마음
세 잎 클로버는 행복,
네 잎 클로버는 행운이란다
행운 오면, 행복도 올까
행복하면, 행운도 오는 걸까

이상하다
온통 세 잎 천지,
네 잎은 어디에 있나
언제나 주변을 맴도는 세 잎,
언제나 찾아도 숨어있는 네 잎,
그래
가까이 있는 것들에 충실하면
행운이 덤으로 올 거야

벤치에 앉아

벤치에 앉아
마음 한 자락 쉬어간다

벤치에 앉으면
지나가는 사람들,
흐르는 구름,
몸은 그대로 멈춰 있는데
마음은 그들과 같이 간다
마음 쉬어가라
앉아 있는데
이놈의 마음은
속절없이 몸 밖으로 나와
분주하다

하소연 한 보따리 풀어헤치고
한숨 한 자락 품어내는 자리
기쁜 날보다
슬픈 날 떠올리는 자리
벤치의 말없는 위로가
풀빛으로
꽃빛으로 물들어

결국 성숙해서 가는 자리
누구도 주인일 수 없는
누구나 주인일 수 있는

벤치에 마음 한 자락
앉아있다

잊어버린 것

잊어버리고 나서야
깨닫는 게 있다
잊어버린 것들은
영영 잊어버린 것이 아니라는 걸
기억 어딘가 걸림돌이 있어
깊은 나락으로 떨어지지 못하고
맹맹 귓가를 맴돈다
사라졌다 해서 영원히 지워지는 것은 아니다
기억 사이를 떠돌다 다시 돌아온다
지친 몸으로 떠나갔던 기억은
물오른 기억들을 토해놓는다
내 마음 어딘가
깊은 골짜기에 흐르는 샘물이 있어
가뭄을 견디고
마중물이 되어 솟아오른다

누가 시를 두고 갔나

시가 노래한다, 시가(詩歌)
시가 맵디맵다, 시가(詩苛)

시(詩)는 한자로 풀면
'가장 아름다운 말의 절'
가장 아름다운 노래,
아름다움의 꽃이겠지
나에게 시는
반은 노래,
반은 아픈 손가락
아름답진 않아도
가슴을 울리는 시가
나를 붙잡고
한참을 머물게 한다
나 좀 보라고, 나 좀 봐달라고
들판을 하얗게 물들이는 냉이꽃,
어디나 노랗게 솟아있는 민들레꽃,
한참 보고 있으면
그 속에 시가 들어있나?
하도 매워서 눈물이 난다

흑백논리 黑白論理

그런 흑백논리가 어딨어요
삶이 그렇게 자로 재듯
딱 맞아 떨어지던가요
위에 서 있으니
아래는 보이지 않나요
지금은 천국 같겠지만
자칫 깜빡 졸면
발아래 지하로 내려갑니다

꽃은 빨간색
잎은 초록색
단정 짓지 말아요
그건 교과서에 나오는 분류
들녘을 다니다보면
초록색 꽃도 있고
빨간색 잎도 있답니다

절대 싫어,
무조건 좋아,
그 말 하지 말아요
수시로 변하는 게 마음인데

절대와 무조건은
어쩌면 족쇄가 될 수도 있어요
흑과 백은
다른 색과 섞일 때,
무지개가 된다는 거

어린왕자를 사랑하여

어린왕자는 소행성 B612호에 산다
매일 청소해줘야 하는 화산 3개와
종일 잔소리에 하루에도 열두 번도 더
마음이 변하는 장미와
번식력이 왕성하여 잠시 한눈을 팔면
별을 집어삼킬 수 있는 바오밥나무와
함께 산다

오랜 세월
어린왕자를 사랑하여
기찬 사랑 가슴에 품고
지나간 자리마다 깨달음
밑줄 그어 외고 또 외었다
왼 말들이 별이 되어
까만 밤하늘에 보석으로 박혔다
그를 사랑하여
그의 별을 동경하고,
그의 까칠한 장미를 이해하고,
그의 친구 여우를 좋아했다
그와 통하는 조종사를 질투하고,
그를 돌려보낸 뱀을 미워했다

어른이 되고서는
그가 만난 어른들이
마치 내 모습 같아,
부끄러워 거울을 닦으며,
거뭇거뭇한 별들을 닦으며,
어린왕자가
다시 돌아오길 기다린다

퍼즐을 하며

아이들과 나의
퍼즐 맞추기 대결,
쪼개진 작은 조각들로
전체 그림을 완성해야 한다
아이들이 더 빠르게 맞춰간다
가르침에 익숙한,
인생길 척척 찾아주는,
나는 헤매는데

고흐의 별 헤는 밤
미로길 따라 쪼개진 퍼즐들,
그림이 위로 보이게 바꿔놓는다
그림만 보이면 쉽지
아, 아니다
내가 걸어온 길과 다르다
도무지 갈피를 잡을 수 없다

인생 조각이 늘어나면서
반복되는 문제들이
얽히고설키면서
선택의 길목에 서면

같아 보이는 길과 길의 연속
제대로 찾아 갔던가

아이들의 가르침,
"그럴 땐,
큰 그림을 그려 보세요."

하늘의 뿌리

뿌리가 그리워질 때가 있다
그럴 땐 숲으로 간다
숲은 숨을 멈춘 듯 고요하다
숲은 모든 생물의 움직임으로 분주하다
숲속에서 하늘을 올려다본다
하늘에 뿌리를 깊이 뻗은 나무가 있다
그 나무가 조용히 하는 일,
하늘의 명을 받아 숲을 지키다,
사람의 마을로 내려와 사람을 지킨다

나무는
천년만년 하늘을 지키며 산다
수령만큼 하늘과 교감하고
하늘이 내려준 양분을 받아
땅으로 내려와
무수한 손을 뻗어 수혈한다
 울퉁불퉁한 혈관을 타고 흐르는 검붉은 피의 이동
 가녀린 모든 생명들은
 그의 수혈을 간절히 기다린다
 우람한 혈관을 타고 내려온 수액은

숲을 풍성하게 만든다

숲에서 잃어버린 주머니는
거기 떨어져 다시 숲이 된다
숲에서 잃어버린 기억은
하늘로 올라가 별이 된다
별이 된 기억은 가끔
숲속 호수에 내려와 달아오른 열을 식힌다
그럴 때 호수는 잠자는 몸을 일으켜
하늘과 나무 이야기를 한다
하늘과 나무는 조용히 내려다보고 있다
유난히 별이 반짝일 때가 있다
바로 그날이다

나무는
높이 본다, 멀리 본다
가만히 나무에 안겨 소리를 들어보라
천지의 모든 소리가 거기에 있다는 걸 알게 될 거다
뿌리 없이 떠돌다
문득 자석처럼 달라붙은 생명체들,
층층이 자리 잡고 사는 삶들,

하늘에 뿌리를 둔 나무가 있어
땅의 삶들이 공중을 떠돌지 않아도 된다

나무는
하늘의 소리를 안다
땅의 역사를 안다
다만 정중동(靜中動), 고요하다

사랑은 주는 것이라며

사랑은 주는 것이라지
준 사랑보다
받은 사랑이 더 많은
내 인생
아직도 숙제를 다 하지 못했다

그 이상은 못 되더라도
받은 만큼은 꼭 돌려줘야지
숙제 다 못하면
나중에
엄마에게 혼날 테니

호박꽃

호박꽃이 못 생겼다
누가 말했나
나 보란 듯 커다란 얼굴
고개 세우고
샛노란 빛 발산하고 있는데
하늘에서 방금 떨어진 별,
우렁차게 울리는 나팔,
그 깊디깊은 꽃술에
홀딱 빠진 벌들의 몸짓

호박꽃이 흔하디흔하다
누가 말했나
달빛에 더욱 빛나는
도도한 자태
아무나 허락하지 않아
커다란 잎 가시들 두려워
다른 벌레들은 접근도 못하지
오로지 벌만이
들어갈 수 있는 성역

여름내 키워낸 결실

저 달덩이 같이 큰
호박을 보라

트루게네프 언덕

트루게네프 언덕*에는 작은 소년이 살았다
소년은 자신이 이름 붙인 그곳을 몹시 좋아했다
소년이 구불구불 오솔길을 따라 오르면
햇빛 따라 반짝이는 언어들,
말갛게 비추는 거울, 그것을 훔치고 싶었다

소년이 긴 그림자 남기고 내려가면
난 숨은 그림을 찾듯, 그의 흔적을 뒤졌다
하늘 내려와 속삭이는 호수,
땅과 땅 사이 굽이치는 오솔길,
언덕 곳곳에 돋아나는 푸른 시,
결국 소년의 거울을 훔치지 못하고
난 터덜터덜 트루게네프 언덕을 떠나왔다

차라리 소년에게 거울을 찾아 달라 할까
어쩌면 소년은 누구에게나 나눠 주려
거울을 닦고 또 닦고 있었는지도 모른다
사실 난 거울이 없어, 내 모습이 보이지 않아,
맑은 언어, 시를 꺾어 버렸다

꺾인 시는 과녁 정중앙을 빗겨
5번, 실존에 꽂혔다
실존이 시키는 대로, 시와 빵을 바꿨다
아주 오래 물물교환을 하며 살았다

하늘처럼 푸르고, 호수처럼 맑은
태초의 우주 같은 시가 내게 없는 것은
아직도 소년에게 거울을 선물 받지 못했기 때문

*트루게네프 언덕 : 윤동주 시 제목

스무 고개 넘기

스무 고개 게임을 한다
애들아,
단어들은 궁금한 만큼 부풀어 올라
질문은 꼬리가 있어
남들과 똑같이 하지 말고,
성급하지 말고, 신중하게,
그러나 용감하게,
어두운 길에서 절망해 보면
고개 마루에서 만나는 불빛은 환희
그렇게 고개를 넘는 거야

꿈을 향해 가는 길
스무 고개 정도는
넘을 각오가 되어 있어야지
처음이 고된 거야
하나의 시련이 지나가면
반드시 다른 시련이 찾아오는 법
계속 굳은살이 쌓여
스무고개가 가까워지면
꽃길

살아가는 길은 마술 같아
고생 고개 넘고 넘어
숨어있는 답을 찾아야 해
탐정 놀이라 생각하면
인생길은 즐거운 산보

4부

계절은 끝없이 돌고 도는데

꽃은 피고 지고 다시 돌아오는데

사람은 가면 영영 오지 않네요

업보는 내가 지고, 보답은 네가 받기를

원양 선원 중에
망망대해를 떠다니다
거북이 등에 타고
살아 돌아온 이가 있다
그 어머니 매해 용왕제 지내시고
그 아버지 작은 거북이 놓아주셨단다

6.25 전쟁 중 북한군이 다리를 점령,
피난 가는 사람 중 남자아이를
포로로 끌고 가는데,
외아들 목숨 살린 어머니가 있다
보초 병사가 검문 중,
자기 가족이 굶어 죽을 상황에
먹을 것을 나눠 준 은인,
그 어머니를 알아봐서다

우리 아버지, 어머니
평생 자식 위해 무릎 닳도록
빌고 또 빌며 하신 말씀,
내가 평생 무탈하게 살아온 보답,
이제는 내가 짊어져야 할 말씀,

업보는 내가 지고
보답은 네가 받기를

강가에서

마음에 흐린 강물이 흐른다면
강가에 가서
끝없이 흐르는 강을 보며
깊은 밑바닥 끝이 다 보이도록
천 년이고 만 년이고
앉아 있으라

바닥에 사는 생명들이
너의 숨소리를 기억하고
그 숨소리에 맞춰
잠을 자고 밥을 먹을 때까지
앉아 있으라

결국
맑은 강물에 흠뻑 젖어
너의 혼이 빠져 버릴 때까지
하얀 포말로 부서질 때까지

부메랑

부메랑이 공원을 난다
던진 길 따라
다시 돌아오는 부메랑

꽃을 든 부메랑
꽃 사이 스쳐가며 약속한다
다시 돌아오마
다시 돌아오마

눈물 던지면
눈물로 돌아오고,
웃음 던지면
웃음으로 돌아오는,
정직한 순리

그대에게 사랑을 던진다

늪

  도무지 깊이를 알 수 없어
  백로의 기나긴 식도를 따라 꿈틀대는 생물체가 보였어
  늪은 살아 있었어
  보호색을 뒤덮고 침묵할 뿐,
  물풀 위를 거니는 백로의 무게로 깊이를 가늠하면 안 돼
  지느러미 미완의 생물체는 그렇게 꿈을 잃어버리지
  시작은 신발 끈 하나
  끈은 점점 스며들며 발등을 잠식했어
  늪은 부드러운 손길로 나직이 손짓하며
  어둠속 언어를 반복하고 있어
  앞으로만 향하는 오랜 습성, 직립보행은
  발의 존재를 잊은 지 오래
  심장이 열망에 빠져 소홀한 틈으로
  조금씩 지반은 벌어지고
  안개처럼 빨려들고 있어

  선택은 이유가 있고, 후회는 자신의 몫
  깜빡 불량신호에 걸리면 이미 돌이킬 수 없는

수신호 마법에 걸려드는 거지
낯선 길은 험난하지만 때로는 신비로워
늪은 점점 새로운 틈을 만들어내고
주문을 외며, 길 끝에 선 발을 빨아들이지
너무 멀리 가기 전 복기할 수 있다면,
숨차게 전진하다 수시로 돌아본다면,
깊이 가라앉지 않았을 터
너무 오래 머물진 말아야 해
부유하며 정체를 숨기고 떠돌다
영영 심장이 멈출 수도 있어
끈 바짝 매고 빛이 있는 곳 가까이
단단한 지반 찾아 발 들이밀기
또 다시 시작이야

오죽헌을 그리다

먹물 머금은 댓잎 사이
물결치는 바람 소리, 그대 숨소리

600년 잔뼈 굵은 배롱나무
천 개의 팔 손짓하며,
함께 구불구불 얽혀 살자 한다
벼루 닳도록 쓴 율곡 말씀,
"이득을 보거든 옳은 일인가 생각하고,
스스로를 경계하며 바르게 살라"
두고두고 새기리라
안채 연못
포도송이 알알이 맺힌 치마폭,
풀벌레, 나비, 꽃 위로
따사롭게 내리쬐는 햇빛,
선한 사임당 얼굴 비추인다
하늘 향해 곧게 솟아오른 소나무
그 향기 천년만년 살아 있기를
진또배기 무리 지어 지킨다

댓잎 소리, 솔 향기, 높은 하늘
함 움큼 담아 돌아서며 우러르는 마음

지우개

지우개로 무엇이든
지울 수 있을 줄 알았습니다
잘못 들어선 길 어디쯤
지우개 쓱쓱 문지르면 새길 하얗게 돋아나
못내 그리운 그곳
다시 돌아갈 수 있을 줄 알았습니다

세월은 속절없이 지나가고
사랑하는 사람들은 하나 둘 떠나가는데
오래 전 몇 장면이라도
지우고 다시 그릴 수는 없을까요?

계절은 끝없이 돌고 도는데
꽃은 피고 지고 다시 돌아오는데
사람은 가면 영영 오지 않네요
인생 지도는 지우개로
지울 수 없다는 걸 몰랐습니다

불타는 능소화

눈부시게 솟아 오른 불덩이
한여름 타오른 심장
볼이 타는지
몸이 타는지
저기 불타는 능소화

높이 오를 곳 타고 올라
어디든 짓밟고 올라
목 길게 늘이고
누구를 기다리나

기다리다, 기다리다 지쳐
붉은 눈물 뚝뚝
떨어져 내려서도
귀 활짝 열고
누구를 기다리나

꼿꼿한 그리움
밤새 외로이 뒤척이다
소나기 따라 후드득 떠난다 해도
끝까지 들리는 나팔소리

걱정 마

걱정 하나 먹으면
나이 하나 먹고

걱정 하나 늘면
주름살 하나 늘지

그러니
너무 걱정 마

다 끝은 있으니까
수평선 너머엔
하늘이 있잖아

동그라미

살다 보니
모난 곳 투성이더라
모두가 공평하게 앉으라 산
둥근 밥상 옆구리 뜯겨 나가고,
따뜻한 차로 마음 달래주던
둥근 찻잔 금이 가서 거칠고,
두루뭉술한 너그러운 마음
그대 바람에 찢겨 삐딱하네
나도 닮아 모난 모양

동그라미로 굴러가고 싶다
밤낮 구르는 연습
이리 힘 줘 보고,
저리 힘 줘 보고,
삐뚤빼뚤 모난 모양
울퉁불퉁 자갈길을 간다
찢기고 떨어지고
반복된 실수투성이

언젠가는
둥글둥글 굴러가는

동그라미 되리라
하늘 한 귀퉁이에
희미하게 걸린 낮달

창경궁 할아버지, 회화나무

할아버지는 400년을 살았다
낮게 구부린 허리, 휘어진 등
마디만 남은 다리 지팡이로 받치고
말없이 자손들을 지켜본다

연산군 쫓겨나는 날, 허리 굽고
장희빈 죽어 나가는 날, 등 휘어졌다
사도세자 굶주린 혼 선인문 나서는 날,
온 몸 비틀어지고, 가슴 찢어져 말문을 닫
았다
뒤틀린 몸으로 한 묵언 :
절대 싸우지 마라, 모두 사랑하라
할아버지의 아들, 아버지는
영욕(榮辱)의 피 묻은 문정전을 떠나
느티나무 부둥켜안고 진한 사랑을 했다
그대로 연리목 되어
물 좋고 햇빛 좋은 춘당지에 살림을 차렸다
할아버지가 아직도 굽은 몸으로 살아 있
는 이유
창경궁 곳곳에 진한 사랑 퍼트리고 있는
나를 말없이 지켜보는 낙(樂)

몇 백 년 후일까
춘당지에서 천 년을 웅크리고 있는 용(龍)이
아버지의 애끓는 사랑과
펄펄 나부끼는 나의 사랑에 감동하여
깊은 밤 춘당지를 솟아올라
철철 넘치는 금천에서
할아버지 뒤틀리고 구부러진 등 타고
승천하는 날이 있을 것이다
해서 할아버지는 오늘도
가쁜 숨 몰아쉬며
용트림의 결 따라
하늘 향해 길을 만들고 있다
피 묻은 기억 벗고, 하늘의 격자무늬 열어
굽이굽이 승천하는 길

꽃씨 하나 심어

가슴에 꽃씨 하나 심어
그 꽃이 온 몸으로 퍼져
내가 꽃이 될 수 있다면

꽃처럼 말하고
꽃처럼 웃고
꽃처럼 향기로울 수 있다면

네가 좋아하는 말만 하고
온통 향기 뿜으며
웃을 일만 피어나는 꽃이고 싶다

결국
꽃씨로 남아
꽃으로 다시 태어나리

새벽은

새벽은
조용히 온다
나직이 스미어든다
여명의 빛 스치는 창가로 들어와
오늘 비출 물상들을 둘러본다
방금 내린 아메리카노를 마시며
좋은 일만 가득한 하루를 그린다

새벽은
집 안 깊숙이 들어와
어제 따스했던 기억도 비춘다
저녁이 노을과 함께 한
와인 한 잔과 가벼운 왈츠
저녁을 위한 새벽의 기도
오늘도 무사히
나직이 스며드는 햇살

느린 우체통

케냐AA 커피향 가득한
느린 우체통 카페
노란 우체통이 먼저 반기는
그곳에서
6개월 후의 너에게
편지를 쓴다

6개월이란 계절은
두 번 옷을 바꿔 입고,
두 번 색깔이 변하고,
두 번은 정제된 언어가 싹트는 시간,
내 편지 도착할 즈음
그 언어에도 꽃망울 맺히려나
그렇게 몇 번이 곱해진다면
너를 만날 수 있을까

분명한 건
난 주름이 하나 더 늘어있겠지
바람이라면
웃음도 하나 늘어있기를
6개월마다 노란 우체통의 언어가

너에게 안부를 묻는다면
어느 날 너는
어깨 넓은 느티나무가 되어
오지 않을까
그러면 난 민들레 꽃씨로 날아
네 어깨 위에 사뿐 앉을게

선물 도착

꽃이
살며시 내게로 왔다

혹한 겨울 견디고
핀 꽃은
하루하루가 선물이다

지난 가을
낙엽과 함께 떠나가더니
영영 돌아오지 않을 듯
하루아침 흔적도 없이
날아가더니

새아침
꽃이
도착!

이 또한 지나가리라

다윗왕의 승리를 기념하며
반지 세공사가 새긴 말
"이 또한 지나가리라"
승리를 거두고
너무 기쁠 때 교만하지 않게
절망에 빠졌을 때
용기를 줄 수 있는 글귀

잘 될 때,
혹은 힘들 때,
내가 주문처럼 외던 그 말,
절실히 생각나는 오늘
나약한 인간이라서
어찌 할 수 없는 일이 있다
세상은 온통 세균 전쟁인데
난 무기력하기 짝이 없구나
기도하는 마음으로
겸허히 기다리는 수밖에

더불어 사는 삶의 소중함
오늘 또 하나
지나간다

쓰레기의 전설

일요일이면 어김없이 하는 일
일주일 장을 보고
일주일 쓰레기를 버리는 일
장을 볼 때의 부피와 무게보다
쓰레기를 버릴 때의 부피와 무게가 더 크다
지구에서 쓰레기를 만드는 유일한 생명체, 인간
그 중 하나인 나

'쓰레기'라는 정의는 무엇일까?
내다 버린 물건들은 쓰레기?
용도가 끝난 쓸모없는 것들은 쓰레기?
집안에 가득한 잉여 물건들은 쓰레기?
병든 생각, 병든 행동을 하는 인간들은 쓰레기?
자연으로 다시 돌아가지 못하면 쓰레기?

스코틀랜드 해변 향유고래,
백 톤의 쓰레기 뱃속에 품고 쓰러졌다
태평양 한가운데 쓰레기로만 만들어진,
한반도 면적 7배 크기의 쓰레기섬이 있다
임무 완료한 인공위성과 거기서 나온 물체들,
우주 쓰레기들이 오늘도 우주를 떠돌고 있다

호모사피엔스는 '지혜가 있는 사람'
도구를 사용할 줄 아는 인간
따라서 쓰레기를 만들어 내는 인간
따라서 지구를 오염시키는 인간
'호모쓰레기쿠스'는 '쓰레기만 생각하는 사람'
쓰레기를 줍기 위해 진화한 신인류
호모사피엔스가 호모쓰레기쿠스의 할아버지 뻘

지구는 돌고 돌아
산이었다가 바다였다가,
땅이었다가 물이었다가,
오염이었다가 쓰레기였다가,
쓰레기 천지였다가,
아, 앗 소리도 못하고 죽은
우주 쓰레기, 지구별의 전설?

중심의 무게

꽃이 피는가 지는가
바람이 부는가 그치는가
사랑이 오는가 가는가
그 중앙 길목에 서있다
책임은 앞에서 끌고, 의무는 뒤에서 민다
새로움은 문 밖에 있고, 익숙함은 집에 있다
기울지도 치우치지도 않는
중용이 필요한 때,
자연의 순환, 삶의 진리,
아직도 달리려는 물리적 본능을 가늠하는
중심의 무게여

발을 멈추고,
어제의 길에 꽃을 뿌리고,
함박웃음으로
숨 한 번 크게 들이쉬어라
명치끝까지 우주가 차오르도록
중심을 잡고
산 등허리 타고
너울너울 푸르름을 춤추며 가자

통
通

내 몸과 마음엔
깊은 우물이 숨어 있다
그대가 열 길 깊이를 볼 수 있을까
그 밑을 볼 수 있어야 진정한 통(通)
그대는
자꾸만 멀어져 가는 일렁임
구름과 바람과 낙엽
물살이 일렁일 땐 잠시 기다리기
깊이를 가늠 못하고 헤맬 땐 먼저 맞이하기
그러나 말(言)은
주인의 생각을 배반하기도 한다
우물에서 젖은 언어를 길어 올린다
길어 올린 모음들을 말갛게 씻는다
마음속을 읽을 수 없다면
정제된 언어로 통(通)하고 싶다
맑고 투명한 언어가 되고 싶은 열망,
그대 자음으로 오는 사람아
그대의 자음과
내 모음이 만나
하나의 통(通)이기를

작품해설

오염된 삶으로부터의 해탈과
자유를 꿈꾸는 진심과 사랑의 시학

민용태(스페인왕립한림원 위원, 고려대 명예교수)

　박진의 에스프리는 원형적 자연의 여리고 푸른 모습에서 온다. 박시인의 "내가 좋아하는 소리"는 모두 어린 시절부터 시인이 보고 느껴온 성찰의 결과이다. "아기 배추 잎/배추흰나비 애벌레/꿈틀대는 소리"를 들을 줄 하는 섬세함이 특기이다. 풀과 벌레가 "꿈틀거리는 소리"는 다 같다. 노장의 "만물제동", 즉 만물은 다 똑같다. 그것이 특히 내가 "아기"일 때, 어린 시절의 세상은 온 우주가 다 움직이고 살아있는 형체이다.

　박진은 어머니가 봉숭아 꽃물 들여주던 모습이 속눈썹에 붙어있다. 어른이 되어봐야 어머니의 참고움과 고마움을 안다. 그 모습이 세월이 가도 변하지 않는 진심과 순수의 뿌리인 것을 안다:

물들어라
　물들어라
　붉은 꽃잎처럼 고와져라
　매일 끼니처럼 이어지는
　어머니의 간절한 기도

　해가 기우니, 이제 기도보다 절절한 그리움 속
　진짜 붉은 꽃잎이 보인다
　달려가서 봉숭아 꽃밭,
　어머니 무릎에 흠뻑 물들고 싶다

　-「물들고 싶다」 중에서

　그렇다. 살다보면 가장 고달프고 힘들 때 가장 돌아가고 싶은 곳이 어머니 품이다. 거짓 없이 나를 안아주고 사랑해 준 가슴이 세상에 더 없는 것을 알기 때문이다. 어찌 어머니뿐이랴. 아버지의 인고와 묵묵함, 그 무뚝뚝함이 새삼 가슴에 사무쳐온다:

　흑백사진 속 아버지는
　왜 마음을 숨겨두셨을까
　무엇을 꽁꽁 감추고 싶으셨을까
　식솔들 등에 지고
　앞만 보며 달리느라 묻어 둔 뒷모습
　깊은 주름에 흐르는 강

웃음인 듯 울음인 듯

-「흑백사진」 중에서

 돌아가고 싶은 곳이 어찌 어머니 품뿐이랴. 돌아가신 아버지의 그 너그러운 "허허 웃는 하회탈 주름"이 가슴이 찢어지도록 그립다. 아버지의 그 넓은 품이 아쉽다. "두 손 벌려 부르면, 달려가 쏙 안기던/우주보다 큰 세상"이 꿈엔들 잊히리야.
 그래서 이렇게 진솔한 사랑을 안 시인의 눈에는 희망이나 "아침"은 끝없는 인고와 자기 순화와 고뇌 끝에 오는 빛이어야 함을 안다. 박 시인은「아침은 온다」에서 말한다:

초가지붕 박꽃이 깨어나는 밤이면
박들은 여물어간다
달빛에 활짝 핀 달맞이꽃은
달을 올려다 숨고르기 중이다
어둠에 빛나는 이들은
어떤 밤을 보내고
어떤 아침을 기다릴까

밤새 하얗더니만
여명의 새벽은 거무스름하다

- 「아침은 온다」 중에서

아버지의 "우주보다 큰 세상"은 부모의 삶이나 인간의 삶이 모두 우주와 자연의 순환의 한 고리이기 때문이다. 예를 들어, "달빛에 활짝 핀 달맞이꽃은/달을 올려다 숨고르기 중이다". 밤은 "거무스름"한 새벽을 거쳐 밝아온다. 그래서 박시인의 "아침"은 밤의 고뇌와 고통을 거쳐 탄생함을 안다. 박 시인은 "맞이할 준비가 되어 있지 않은/아침은 허상일 뿐/새로운 아침을 위해/고뇌하는 자에게/아침은 온다"라고 소리친다.

"바다로 간 고래"에서는 여성 특유의 상상력으로 지구의 순행을 성찰한다. 우주가 살아있고 지구가 도는 것은 인간이나 연어의 회귀 본능처럼 태어나는 곳으로 되돌아가고 싶은 고향에 대한 그리움과 아픔, 울음 때문이라고 본다:

울고 싶을 때
사람은 바다로 달려가
수평선을 바라보고,
고래는 수면으로 올라와
지평선을 바라본다

우우웅 우우웅
시도 때도 없이

살아있음을 알리는 소리,
우우웅 우우웅
포유류 고향 그려 우는 소리,
우주를 돈다.

- 「바다로 간 고래」 중에서

　다윈에 의하면 모든 생명은 물이나 바다로부터 시작하여 지구별을 채운다. 인간도 바다에서 올라온 포유류이다. 그래서 "울고 싶을 때/사람은 바다로 달려가/수평선을 바라"본다. 고래는 육지에서 바다로 간 동물이다. 그래서 고향이 그리울 때는, "고래는 수면으로 올라와/지평선을 바라본다" 이명(耳鳴)이 아니어도 "우주"의 침묵은 깊이 들으면 바람소리 같은 "우우웅 우우웅" 소리가 들리는 듯하다. 이것은 박진 시인의 귀에는 "살아있음을 알리는 소리"로 들린다. 즉 누수나 장생, 인간의 "살아있음"은 모두 원래로 돌아가고 싶음이나 그리움의 연속이라는 것.

　스페인 철학자 오르떼가 이 가세트는 그리움이나 향수(鄕愁)가 인간의 원형적 실체에 대한 기억의 하나로 본다. 그는 토인비의 『세계사』를 해설하면서, 사람은 애초에 어떤 낙원이나 큼지막한 우주로부터 멀리 떨어져 나왔다는 의식을 가지고 있다고 말한다. 따라서 시인들은 늘 그 잃어버린 고향에 대한 향수를 가지고 있다고 설명한다. 이것은 종교에서 말하면 에덴동산이나 인간의 원형(Imago dei, 신의 형상에서 따온)인 신(神)에 대한 그리움일 수도 있겠다. 이미 독일의 괴테는 「그리움」이라는 시에서 말한다: "그리움을 아는 사람만이 나의 이 괴로움을 알리라(…) 아, 나를 알아주고 사랑하는 사람은 멀리 있노라." 즉 괴테의 그리움의 대상은 신이거나 우리가 떨어져 나온 원형의 우주일 수 있다.

박진 시인의 관찰이나 사고는 그녀 스스로 교육자이고 지성인인 만큼 때때로 대단히 관조적이다. 언제부터인가 우리 사회는 과정보다 "끝내주는" 맛을 좋아한다. 바쁘게 발전하다보니 "빨리빨리" 문화가 일반화되었다. 공부도 호기심이나 즐거움, 재미보다는 성적만 따진다. 공자께서 "배워서 때때로 익히니 이 아니 즐거운가(學而時習之 不亦是說乎)"를 말했지만 우리 학교는 정보나 지식을 외우고 시험 보는 것으로 다한다. "가난해도 인생을 즐기며 사는 맛(安貧樂道)"을 배우는 것이 진짜 공부라는 것을 모른다. 박 시인의 다음 시는 이런 현대인의 어리석음을 일깨워 준다:

우리는 왜 끝의 이야기를 들으려 안달하는 걸까
종내는 맞닿은 길을 보려는가
시작과 끝은 돌고 도는 것
시냇물은 흘러가며 무궁한 이야기를 만들고,

진부했던 계절과 장소는 존재하지 않는다 늘 새로움으로 흐른다
끝이 아니면 어떤가
중간쯤 어느 계곡, 버드나무 드려진 냇가,
거기 씨줄 날줄 성근 돗자리 펴고
한 잔의 포도주가 있다면
풍경은 모두 처음의 연속이지 않느냐
지금이 땅거미 내려온 어둑어둑한 길이라면
그 끝은 저녁 식탁
바라던 메뉴가 있는 향기로운 저녁 식탁이면 족하지 않은가
배부른 가족과
배부른 고양이와
배부른 바퀴벌레가 함께 만족한다면
해피엔딩?

- 「끝」 중에서

어떤가? 이만하면 우리 시대의 지성인다운 말이 아닌가? 동물도 식물도 곤충도 우리 가족(우리 모두 우주 가족 아닌가?)도 다 배부르고 만족하다면 나 또한 행복한 거 아닌가? 거기에 "한 잔의 포도주가 있다면" 금상첨화지?

그래서 이 바쁘고 어지러운 세상에 동서양의 현인들의 말소리가 필요한 것을 느낀다. 이번에는 알렉산

더 대왕을 가르친 디오게네스를 기억하자:

> 햇살이 눈부시게 내려오는 한낮,
> 별이 잠자는 깜깜한 밤,
> 불을 밝히라, 어제도 꿈도 욕망도 아닌,
> 깨어난 의식을 갖고 사는
> 사람 찾아 대낮에 등불을 들라
>
> 햇빛 가리는 자에게 대항하지도,
> 남을 위해 불 밝히지도 못한 소심한 나,
> 오늘은 등불이 나를 들고 간다
>
> - 「등불 하나」 중에서

붓다도 탈무드도 디오게네스도 모두 인간 세상은 욕망으로 눈이 멀었다고 보았다. 꿈과 소망, 소유욕만을 현실로 보는 모든 인간은 무소유(無所有)의 행복을 모르고 눈이 멀어 어둠 속을 헤매고 있다. 우리 모두 몽유병자처럼 현실 속에 더듬거리고 산다. 불을 켜고 눈 뜨는 깨달음이라는 경지를 모른다. 그래서 깨달으라고 등불을 들고 다녔던 것. 박진 시인은 이제야 그 큰 뜻을 깨닫는다. "햇빛 가리는 자에게 대항하지도" 않았던 나를 본다.

"남을 위해 불 밝히지도 못한 소심한 나"가 있다. 오늘은 어둠 속에 그토록 초라했던 내가 보인다. 그래서

"오늘은 등불이 나를 들고 간다"라고 말한다. 이 참회의 마지막 이미지가 감동스럽다.

깨달음의 세계는 시세계에 가장 가깝다. 현실주의자들에게는 보이지 않는 참스러움을 찾고 아름다움, 사랑을 꿈꾸는 것이 시이기 때문이다. 다음 시를 보자:

결국 소년의 거울을 훔치지 못하고
난 터덜터덜 트루게네프 언덕을 떠나왔다

차라리 소년에게 거울을 찾아 달라 할까
어쩌면 소년은 누구에게나 나눠 주려
거울을 닦고 또 닦고 있었는지도 모른다
사실 난 거울이 없어, 내 모습이 보이지 않아,
맑은 언어, 시를 꺾어 버렸다
꺾인 시는 과녁 정중앙을 빗겨
5번, 실존에 꽂혔다
실존이 시키는 대로, 시와 빵을 바꿨다
아주 오래 물물교환을 하며 살았다

하늘처럼 푸르고, 호수처럼 맑은
태초의 우주 같은 시가 내게 없는 것은
아직도 소년에게 거울을 선물 받지 못했기 때문

- 「트루게네프 언덕」 중에서

꿈과 아름다움보다는 현실에 부대끼며 빵과 돈 벌이에 바친 청춘이 있다. 이렇게 "꺾인 시"는 내게 회한의 그림자로 남았다. 이렇게 그토록 아름다웠던 소년 소녀의 거울은 사라졌다. 그 대신 직장과 시간표와 월요병이 피로와 함께 유일한 동반자가 되었다. 사람은 어쩌면 놀기보다는 일하기 위해서 태어난 것인지도 모른다. 인간은 새가 아니니까, 사슴이 아니니까.

이렇게 해서 이룩된 만물의 영장이라는 인감됨이 이제 와보니 꼭 자랑스러운 일만은 아니라는 생각이 든다. 환경오염 문제가 난리이다. 플라스틱이 고래를 죽인다. 이런 오늘의 시사 문제가 박진 시인의 시심을 건드린다:

스코틀랜드 해변 향유고래,
백 톤의 쓰레기 뱃속에 품고 쓰러졌다
태평양 한가운데 쓰레기로만 만들어진,
한반도 면적 7배 크기의 쓰레기섬이 있다
임무 완료한 인공위성과 거기서 나온 물체들,
우주 쓰레기들이 오늘도 우주를 떠돌고 있다

호모사피엔스는 '지혜가 있는 사람'
도구를 사용할 줄 아는 인간
따라서 쓰레기를 만들어 내는 인간
따라서 지구를 오염시키는 인간

작품해설

'호모쓰레기쿠스'는 '쓰레기만 생각하는 사람'
쓰레기를 줍기 위해 진화한 신인류
호모사피엔스가 호모쓰레기쿠스의 할아버지 뻘

지구는 돌고 돌아
산이었다가 바다였다가,
땅이었다가 물이었다가,
오염이었다가 쓰레기였다가,
쓰레기 천지였다가,
아, 앗 소리도 못하고 죽은
우주 쓰레기, 지구별의 전설?

- 「쓰레기의 전설」 중에서

아, 이러다가 언젠가 "지구별"은 "전설"로 남을 것인가? 이미 지구 멸망을 과학적으로 예언하는 책들이 베스트셀러가 되고 있다. 지구 온난화, 환경 오염, 플라스틱 천지, 핵폭탄으로 지구는 더 이상 생명체가 살 수 없는 땅이 된단다. 이번 '코로나 바이러스' 같은 수없이 많은 바이러스나 박테리아가 매번 주기적으로 지구를 휩쓴단다. 우리가 믿고 사는 이 지구가 "전설"이 되는 날이 올까? 이런 환상소설 같은 현실이 공포 그 자체이다.

이야기를 좀 바꾸면 생텍쥐페리의 『어린 왕자』가 된다. 박진 시인은 그 시 같은 이야기를 다시 시로 쓴다:

어린왕자는 소행성 B612호에 산다
매일 청소해줘야 하는 화산 3개와
종일 잔소리에 하루에도 열두 번도 더
마음이 변하는 장미와
번식력이 왕성하여 잠시 한눈을 팔면
별을 집어삼킬 수 있는 바오밥나무와
함께 산다

- 「어린왕자를 사랑하여」 중에서

어쩌면 우리는 "지구별의 전설"을 넘어 다른 행성에 있다가 어린왕자처럼 지구를 되찾아올지 모른다. 자연과 환경과 생명의 귀중함을 알고 어린왕자가 시인을 모시는 마음으로 모래사막에 내려서 말이다. 박진 시인의 어린왕자 이야기는 그대로 시이다. "종일 잔소리에 하루에도 열두 번도 더/마음이 변하는 장미"는 지구촌에 살 때 겪어본 이야기이다. 장미를 바치고 장미인 줄 알고 결혼했더니 변덕쟁이 마누라가 된 이야기 말이다.

그보다는 별을 집어삼키는 바오밥나무가 더욱 재미있다. 요즘 지구에도 별을 제일 먼저 맞이하는 것은 고층빌딩의 피뢰침이다. 소나무, 메타세콰이어 정도이다. 아마도 철없는 시인들이 동산에 올라 어린 시절을 그리워하며 하늘의 별 사탕을 노려보는 정도.

이제 위기에 처한 지구별에서 명상을 하고 호흡을

하고 마음에 꽃이 피게 할 일이다:

 발을 멈추고,
 어제의 길에 꽃을 뿌리고,
 함박웃음으로
 숨 한 번 크게 들이쉬어라
 명치끝까지 우주가 차오르도록
 중심을 잡고
 산 등허리 타고
 너울너울 푸르름을 춤추며 가자

 -「중심의 무게」중에서

그렇다. 이제는 돈과 소유욕에 찌들어 있는 자신을 일으켜 보다 높이, 보다 멀리 보고 사는 자유를 나무의 푸르름에서 배운다. 나무는 하늘에 뿌리 박고 사는 우리의 스승이기 때문이다:

 나무는
 높이 본다, 멀리 본다
 가만히 나무에 안겨 소리를 들어보라
 천지의 모든 소리가 거기에 있다는 걸 알게 될 거다
 뿌리 없이 떠돌다
 문득 자석처럼 달라붙은 생명체들,
 층층이 자리 잡고 사는 삶들,

하늘에 뿌리를 둔 나무가 있어
땅의 삶들이 공중을 떠돌지 않아도 된다

나무는
하늘의 소리를 안다
땅의 역사를 안다
다만 정중동(靜中動), 고요하다

- 「하늘의 뿌리」 중에서

 정중동, 고요하나 움직인다. 고요함이 극도의 움직임이다. 나무는 운동을 하지 않아도 백년 천년을 산다. 뿌리로 숨쉰다. 몸으로 숨쉰다. 고요로 숨쉰다. 시인은 말한다. "뿌리 없이 떠돌다/문득 자석처럼 달라붙은 생명체들,/층층이 자리 잡고 사는 삶들,/하늘에 뿌리를 둔 나무가 있어/땅의 삶들이 공중을 떠돌지 않아도 된다"

 그 나무에 붙어사는 것이 매미와 시인이다. 박진 시인은 "매미"를 눈여겨본다:

나무가 허락한 길을 따라
오로지 촉감의 기억으로 수직상승
어둠 속에서 굳어버린 옷을 벗고
오랜 단련으로 빚어낸 날개 달고 비상하리라

웅크린 세포들에 힘을 준다
겹겹이 옷을 벗으며 성숙한 속살 드러낸다
기지개를 켜며 힘껏,
두 팔을 하늘로 뻗는다

- 「매미와 잡상」 중에서

시는 자연에서 배운다. 도(道)는 자연에서 배운다(道法自然)고 하지 않는가? 박진 시인은 자연에서 투명한 시학을 공부한다. 무용이나 그림과는 달리 시는 말을 쓴다. 시인의 말은 자연을 있는 그대로 모방하기에 가장 부적절하다. 말은 인간의 습관에 의하여 길들여진 대단히 참신하지 못한 거친 모방이기 때문이다. 많은 경우 말은 시인의 마음을 배반한다:

그러나 말(言)은
주인의 생각을 배반하기도 한다
우물에서 젖은 언어를 길어 올린다
길어 올린 모음들을 말갛게 씻는다
마음속을 읽을 수 없다면
정제된 언어로 통(通)하고 싶다
맑고 투명한 언어가 되고 싶은 열망,
그대 자음으로 오는 사람아
그대의 자음과
내 모음이 만나

하나의 통(通)이기를

- 「통(通)」 중에서

　시인이 끝없이 말을 갈고 닦는 것은 언어에서 그 관습과 타성, 실용주의의 묵은 때와 탈과 옷을 벗기기 위함이다. 모두 벗고 그 원형적 "자음과 모음"으로 "통(通)"하는, 혹은 성적 오르가즘에 이르는 절정감을 추구한다. 탄트리즘(密敎)에서처럼 성교를 사닥다리로 초월에 이르는, 땅과 하늘이 투명하게 하나 되는 길이 박진 시인에게는 시의 길이다.
　박진 시인은 늘 불교적 자비나 명상을 연상시키는 시를 쓴다:

나를 버리면, 남이 보인다
나를 낮추면, 남이 높아진다
내 귀를 열면, 남의 입이 열린다
내 속에 사는
미련한 나여
내가 온통 내 안을 차지하니
님의 자리가 없지 않느냐

님이여
나는 빈 의자,
나는 벙어리,

그대
저물녘 낮게 비추는 노을처럼
붉은 가슴 열고
내가 되어주오

- 「무아(無我)」 전문

이 시의 마지막 연은 박 시인의 이미지즘의 극치이다. 불자로서 다 낮추고 비우고 열고 나면 "나는 빈 의자"이다. 말을 알지만 말을 잃어버린 불립문자(不立文字)의 "벙어리"가 된다. 그때 "님"은 한용운 님의 "님"처럼 "사랑하는 모든 것"이 된다. 그러나 "노을"에게 "내가 되어주오"의 염원은 밀교나 기독교의 신비주의 사랑을 연상시킨다. 불교적 무념무상(無念無想)이라기에는 너무 뜨거운 열념과 정렬이 느껴지기 때문이다.

시인의 에스프리가 꼭 종교적이어야 할 필요는 없다. 부처를 좋아한다고 꼭 부처가 되어야 하는 것은 아니기 때문이다. 당나라 임제(臨濟) 선사의 말처럼 "부처를 만나면 부처를 죽여라!"가 맞다. 부처의 깨달음은 나의 깨달음이 아니다. 심지어 시인의 경우는 더욱 자유롭다. 어떻든 박진 시인이 궁극적으로 추구하는 길은 불교적 해탈에 가깝다. 시인은 「밀랍 인형의 반란」에서 우리 사회의 고질적 관습과 가식, 매스컴을 통한 인간의 그림자화, 인형화를 벗어나기 위한 해탈을 꿈꾼다.

박 시인은 "밀랍 인형"의 이미지를 희랍 신화 이카로스(Icaros) 이야기에서 따온다. 그는 독재자가 지배하는 크레타 섬을 탈출하고자, 밀랍으로 깃털을 붙여 만든 날개로 비행기의 원형을 만든다. 바다 위를 날아 높이 오르던 이카로스는 야망 때문에 너무 태양 가까이 날다 그만 날개가 녹아 떨어져 죽었다는 비극적 이야기. 박 시인은 이카로스 이야기를 불교적 수행과 고행, 고뇌의 은유로 이해한다.

박진 시인의 고행의 이미지는 또다시 서양의 시지프스 신화를 연상시킨다. "어떤 선택이 옳은지 몸서리치며 깨달음을 찾아/자신이 만들어낸 고뇌의 돌을 짊어지고 오르려 한다/시작이 구속이라고 끝도 그런가"라고 뇌까린다. 그런 이런 동서의 신화와 은유는 자본주의 삶에 묶인 인간성을 잃은 현대인의 고뇌스러운 모습으로 부각된다. 프랑스의 철학자 들뢰즈는 "자본주의는 정신분열증"을 일으킨다고 했다. 쌀이 아니라 돈이면 다 된다고 생각하는, 밥이 없으면 라면을 먹으면 되지 않느냐는 우리 아이들처럼 지금 우리 머리는 혼란스럽다. 거기에 슈퍼 매스컴의 발달로 우리 모두는 배우나 가수, "인형"이 되고 싶어한다.

박진 시인은 이런 인간성 상실의 시대에 "밀랍 인형의 반란"을 주도한다. "인형"을 벗고 "인간"이 되는 탈바꿈을 시도한다. 그 방법이 선불교의 깨달음에 가까운 수련과 명상이다. 그것은 오체투지(五體投地)와

같은 고행과 "나 버림(無我)"의 명상의 길이 있음을
시사한다:

　경계를 지나 맞닿은 낭떠러지
　날개가 다 녹아버려 수직낙하의 반복이라 해도,
　세상을 짊어지고 오르고 또 오르고

　진짜 진(眞)으로 깨어나기 위해 너는 천년보다 순간을
택했다

　-「밀랍인형의 반란」중에서

밀랍인형의 반란

초판 1쇄 발행일　2020년 6월 12일

지은이　박 진
펴낸이　곽혜란
편집장　김명희

도서출판 문학바탕

주소　(06151) 서울시 강남구 테헤란로 323 휘닉스빌딩 1008호
전화　02)545-6792
팩스　02)420-6795

출판등록　2004년 6월 1일 제 2-3991호

ISBN　979-11-86418-53-6　　　03810

정가　10,000원

* 이 책의 저작권은 저자와 문학바탕에 있으며 이 책의 전부 또는 일부를 이용하시려면 저작권자의 서면동의를 받아야 합니다.

* 이 책은 국립중앙도서관, 국회도서관 홈페이지에서 검색 가능합니다.

* 문학바탕, 필미디어는 (주)미디어바탕의 출판브랜드입니다.

이 도서의 국립중앙도서관 출판예정도서목록(CIP)은 서지정보유통지원시스템 홈페이지(http://seoji.nl.go.kr)와 국가자료종합목록 구축시스템(http://kolis-net.nl.go.kr)에서 이용하실 수 있습니다. (CIP제어번호 : CIP2020022496)